VAN HAVÉRE 1970

L'HOTEL DE VILLE

DE PARIS

CETTE NOTICE,
rédigée par M. Lucien Lambeau,
archiviste du Conseil municipal,
imprimée à l'École municipale Estienne.

—

1908

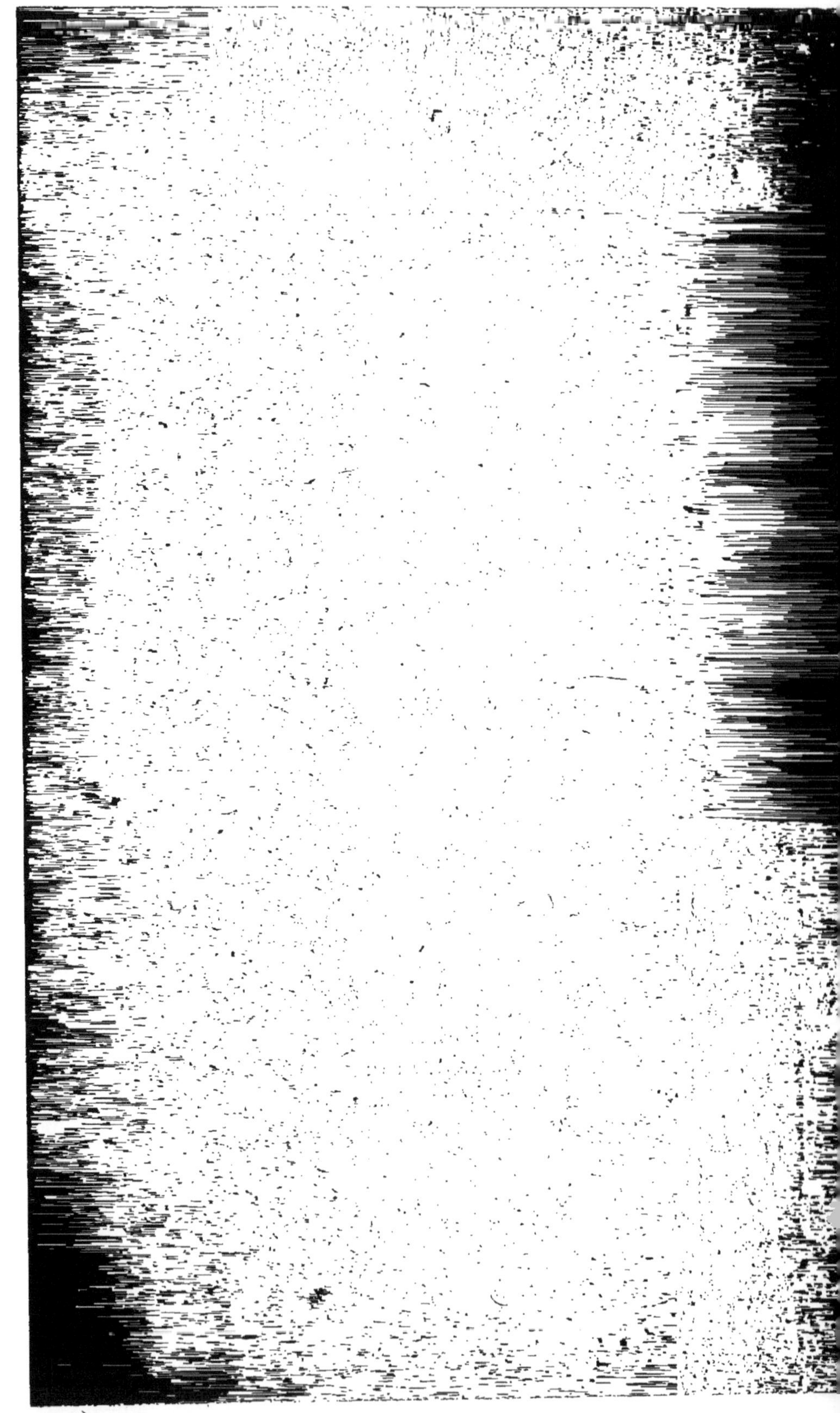

L'HOTEL DE VILLE

DE PARIS

CETTE NOTICE,
rédigée par M. Lucien Lambeau,
archiviste du Conseil municipal,
a été imprimée à l'École municipale Estienne.

—

1908

Hôtel de Ville — Vue d'ensemble

L'HOTEL DE VILLE
DE PARIS

LA MUNICIPALITÉ PARISIENNE

Il est à peu près avéré que l'administration de la Ville de Paris, dans les siècles passés, avait pour origine la *municipalité romaine* transformée, à travers les temps, par les usages, les nécessités, les besoins et les lois des époques successives.

Dès les premières années de la conquête, point de départ de la prospérité de Lutèce, on trouve le pouvoir municipal entre les mains de la puissante corporation des *nautes*, qui possède déjà, de par la volonté de l'Empire, le monopole de la navigation du fleuve, c'est-à-dire le privilège presque intégral de tout le commerce parisien.

Ce sont ces riches marchands, ces opulents bateliers, en effet, qui détiennent la fortune publique, issue du négoce et des transactions par eau dont la rivière de Seine est le moteur inlassé et puissant, bien supérieur aux routes de terre, dont l'emploi est plus coûteux et dont l'accès n'est pas toujours très praticable, selon les saisons.

C'est donc, d'après les données certaines de l'Histoire, à ceux qui possèdent, à ceux des citoyens qui font prospérer la Ville par leur commerce, que le soin de l'administrer est confié par la civilisation romaine. Il serait plus difficile, par exemple, de préciser et même d'indiquer dans quelles conditions ce pouvoir leur était dévolu et comment ils en usaient.

Quoi qu'il en soit, les *nautes* apparaissent, aux premières pages des annales parisiennes, comme des bourgeois enrichis par leur activité, leur industrie, leur audace, et dont le groupement, la corporation, possède toute la flottille des bateaux amarrés le long de la rivière, et aussi la plupart des maisons dans lesquelles s'accumule la marchandise amenée par eau des fertiles contrées de la Bourgogne, de la Normandie, de l'Ile-de-France.

Ne sont-ce point eux, surtout, et la nombreuse population qu'ils emploient, qui ont besoin, pour leur trafic et leurs affaires, dans la cité commerçante où ils opèrent, des berges, des grèves et des rues qui descendent au fleuve ou l'avoisinent?

N'est-il point naturel, dès lors, de voir le pouvoir central, quel qu'il soit, les charger de leur entretien, avec toutes les conséquences administratives qui en découlent, de viabilité, d'hygiène, de police ?

Vers le ive siècle, au moment où allait prendre fin l'occupation romaine, ce régime ne s'était que peu modifié. Il avait plutôt évolué, sous l'influence du christianisme triomphant, vers une représentation municipale peut-être plus chargée d'attributions, probablement plus disciplinée, plus hiérarchisée que la précédente, mais dont les titulaires, sous le nom de *défenseurs de la cité*, étaient, on ne peut guère en douter, les descendants et les héritiers des anciens administrateurs de la Ville, dont les familles avaient su conserver la fortune et les privilèges commerciaux.

C'était donc encore, à cette époque, la bourgeoisie riche, la bourgeoisie des affaires, qui détenait, à la manière de l'ancienne corporation des nautes, les rênes du fonctionnement édilitaire. Ce sera toujours elle qui persistera à les tenir sous le nouveau régime national qui va venir, et pendant le gouvernement des rois mérovingiens et carolingiens.

Avec les premiers capétiens apparaît la confrérie des *marchands de l'eau*, qui s'appelle aussi la *hanse parisienne*, et dont l'existence est affirmée dans les actes datés du commencement du xııᵉ siècle. Les membres de cette confrérie sont également des bourgeois et des marchands. Eux aussi, comme les précédents, ont entre les mains le commerce de la rivière, et les rois de la troisième race, qui ont souvent besoin de leur influence et surtout de leur argent, leur ont octroyé le privilège d'administrer la Ville. Ils doivent aussi connaître des délits et des différends commerciaux, sous le contrôle bienveillant et facile du prévôt de Paris.

Il n'y a guère place, on le voit, pour une solution de continuité dans le système administratif de la Ville, entre les temps de Lutèce la Blanche et le Paris féodal. Aucun texte, à la vérité, n'est venu jusqu'ici établir la filiation pouvant exister entre les nautes gallo-romains et les marchands de l'eau du moyen âge, mais la corrélation de ces deux organismes est tellement évidente aux points de vue de la situation sociale, de l'origine et des attributions de leurs membres, que les historiens les plus réputés n'ont pas hésité a rattacher les seconds aux premiers, en une administration ininterrompue ne variant que sur des points de détail inhérents aux changements politiques du pays.

Ce prévôt de Paris, qui assume, avec une sélection de notables bourgeois, la charge de veiller aux destinées de la capitale, est un personnage demi-royal, demi-municipal, auquel le roi a départi des fonctions administratives et édilitaires. Il est encore, à cette époque, issu de la corporation des marchands, car sa charge est mise à prix et n'est généralement acquise que par un bourgeois qui a le moyen de la payer. Quand celui-ci n'y suffit pas, un autre bourgeois s'adjoint à lui pour compléter les fonds nécessaires, et il y a ainsi deux prévôts de Paris pour collaborer, avec la hanse parisienne, à l'administration de la cité et à la tenue de la justice commerciale.

Au milieu du XIIIe siècle, une révolution toute pacifique se produisit dans la municipalité, à propos du discrédit dans lequel était tombée la fonction de prévôt de Paris par suite de sa vénalité. Louis IX fit cesser l'affermage de cette charge, voulut un prévôt qui fût un fonctionnaire direct de la couronne, et permit à la Ville de se nommer une municipalité et d'en choisir le chef.

Ce sera le prévôt des marchands.

Les termes mêmes de cette appellation indiquent que son titulaire est le représentant de la *marchandise*, c'est-à-dire de l'industrie et du commerce parisiens. Lui et ses assesseurs, pour pouvoir être élus par le corps des notables, doivent être nés à Paris et posséder la qualité de bourgeois de la Ville. La municipalité, ainsi constituée et composée dans la suite, d'un prévôt des marchands, de quatre échevins et de vingt-quatre conseillers de Ville, durera autant que la monarchie française et se terminera, le 14 juillet 1789, dans la personne de Jacques de Flesselles, le dernier prévôt des marchands, frappé sur les marches mêmes de l'Hôtel de Ville, lors de l'éclosion du régime nouveau.

A l'avènement de la Révolution, et après la destruction de l'antique prévôté des marchands, c'est-à-dire après le 14 juillet, la Ville fut un moment sans administration. Elle se ressaisit pourtant, à l'occasion de l'élection de ses quarante représentants aux états généraux. On l'avait divisée, pour cette opération, en soixante districts, dont les membres, en même temps qu'ils élirent leurs députés, désignèrent cent vingt électeurs, soit deux par district, pour constituer une municipalité provisoire. Ce fut cette dernière qui, après avoir été portée à trois cents membres et s'être constituée en pouvoir délibératif et en pouvoir administratif, gouverna Paris, tant bien que mal, jusqu'au 21 mai 1790.

A cette date, intervint le décret de l'assemblée nationale établissant une municipalité définitive composée d'un maire, de seize administrateurs, de trente-deux conseillers, de quatre-vingt-seize notables, d'un procureur de la commune et de deux substituts, élus par tous les citoyens actifs, groupés, pour la circonstance, en quarante-huit sections.

Cet important organisme, en somme, se divisait en deux parties : *Le Conseil général de la commune*, qui ne se réunissait que pour les affaires importantes et qui se composait du maire et de l'ensemble des élus ; et le *Corps municipal*, qui se subdivisait lui-même en deux sections : *Le Bureau*, avec le maire et les seize administrateurs, et le *Conseil municipal*, avec les trente-deux conseillers.

Quand se produisit la journée du 10 août 1792, les sections balayèrent la municipalité de 1790 et s'emparèrent de l'administration parisienne. Le pouvoir nouveau, composé de deux cent quatre-vingt-huit membres désignés par les quarante-huit sections, prit le nom de *Commune de Paris ;* on le désigne souvent aussi, dans l'histoire de la Révolution, sous l'appellation de la *Commune du 10 août*. Cette municipalité, qui avait un caractère insurrectionnel puisque sa constitution n'avait pas été sanctionnée par le gouvernement, et dont la nature était bien plutôt politique qu'édilitaire, occupa l'Hôtel de Ville jusqu'au 9 thermidor an II (27 juillet 1794). Dans cette journée mémorable, elle fut brisée par la Convention, qui refusa de rendre à Paris une représentation élue par ses habitants. La besogne municipale s'accomplit alors par les soins des commissions de cette assemblée, qui se partagèrent les différentes et multiples attributions de la cité.

C'était là un sentiment de suspicion contre Paris, qui devait naturellement être continué par le Directoire. La loi du 19 vendémiaire an IV (11 octobre 1795), en effet, divise bien Paris en douze municipalités, mais les conseillers sont soigneusement désignés par le gouvernement et n'ont pour ainsi dire pas voix au chapitre. Le pouvoir édilitaire est alors le *Bureau central*, nommé par le Directoire et composé de trois administrateurs, d'un commissaire et d'un secrétaire en chef.

Ni le Consulat ni l'Empire ne rendent à Paris l'élection de ses représentants. La capitale, en vertu de la loi du 28 pluviôse an VIII (17 février 1800), n'a pas de Conseil municipal ; c'est celui du département qui remplit cet office, mais sans pouvoir et sans autorité. Il ne compte, d'ailleurs, que vingt-quatre membres nommés par le gouvernement et encadrés par deux fonctionnaires nouveaux : les préfets de la Seine et de police, dont les attributions exécutives ne varieront plus jusqu'à nos jours.

Le système municipal de pluviôse an VIII dura pendant l'Empire et la première Restauration. Il était encore en vigueur en 1834 quand Louis-Philippe, par la loi du 20 avril de cette année, donna à Paris, divisé alors en douze arrondissements, un Conseil municipal de trente-six membres, soit trois conseillers par arrondissement, élus au suffrage restreint et par des électeurs censitaires.

La Révolution de 1848 vient d'entrer en scène et c'est à Paris que pense de suite le nouveau gouvernement. Par un décret du 27 février dudit an, la dissolution du Conseil municipal est prononcée, sous le prétexte qu'il émane du principe d'électorat privilégié. Le maire de Paris est alors chargé de prendre les mesures nécessaires pour parer aux éventualités.

Les décrets des 3 juillet 1848 et 8 septembre 1849, qui suivirent de près cette décision, instituèrent ensuite une Commission provisoire municipale de trente-six membres, nommés par le Président de la République, sur la proposition du ministre de l'intérieur.

Ce provisoire devait durer vingt-trois années, pendant lesquelles Paris n'élut pas de mandataires municipaux. Le second Empire arrivait, en effet, qui, par le décret du 7 juillet 1852, maintenait, amère ironie, l'existence de la Commission créée par le pouvoir révolutionnaire. Cette dernière, de provisoire, devenait bientôt définitive à la suite de la loi du 5 mai 1855, donnant à Paris un Conseil municipal de trente-six membres nommés par l'Empereur, pour cinq ans, et présidé par un de ses membres, également choisi par le souverain.

Quand, plus tard, furent annexées, à la capitale, certaines communes suburbaines dont l'ensemble forma, au lieu de douze, les vingt arrondissements actuels, la loi du 16 juin 1859 intervint qui porta à soixante le nombre des conseillers parisiens. Ils étaient, sans doute, toujours nommés par le chef du gouvernement, mais chaque arrondissement devait fournir au moins deux conseillers au choix de l'Empereur, lequel choix était tenu obligatoirement de se porter sur deux personnalités domiciliées dans l'arrondissement et y possédant un établissement. Ce Conseil, ou plutôt cette Commission municipale, se composait donc de quarante conseillers recrutés dans les sections administratives de la Ville, et de vingt conseillers choisis en dehors de toute préoccupation territoriale.

Avec le second Empire devait prendre fin la Commission municipale nommée par l'Empereur.

L'un des premiers actes du gouvernement de la Défense Nationale fut l'organisation de la municipalité parisienne. Il nomma, le 6 septembre 1870, Jules Ferry préfet de la Seine, Edmond Adam, préfet de police; Étienne Arago, maire de Paris, avec MM. Charles Floquet, Henri Brisson, Clamageran et Durier comme adjoints. Cette mairie centrale, qui devait fonctionner avec une assemblée élue par la population, fut d'ailleurs supprimée par décret du 15 novembre 1870 et ses attributions réunies à celles du préfet de la Seine.

Il n'y avait plus, dès lors, qu'à attendre la convocation des électeurs pour la nomination du Conseil municipal. On l'attendit jusqu'au 18 mars 1871. Les désastres de la patrie, les souffrances et les déceptions du siège de Paris, firent sortir des urnes une assemblée de colère et de violence qui devint bientôt le gouvernement révolutionnaire de la *Commune*, et qui dura jusqu'au mois de mai suivant.

Il devait appartenir à la République, enfin consolidée, de rendre à Paris l'élection de ses représentants à l'Hôtel de Ville. La loi du 14 avril 1871, en effet, le dota d'une assemblée communale de quatre-vingts membres, élus par le suffrage universel à raison de quatre par arrondissement et d'un par quartier, et nommant elle-même son Bureau, composé d'un président, de deux vice-présidents, de quatre secrétaires et d'un syndic.

Cette organisation est encore en vigueur aujourd'hui.

Hôtel de Ville — Salle des séances du Conseil Municipal

PARLOIRS AUX BOURGEOIS

MAISON AUX PILIERS — HOTELS DE VILLE

Depuis le milieu du XIVe siècle, exactement depuis l'année 1357, soit cinq cent cinquante ans environ, la maison commune des Parisiens, en plusieurs édifices successifs, occupe l'emplacement de l'Hôtel de Ville actuel.

Au delà de cette époque, les différents sièges du pouvoir municipal ne sont que très vaguement connus et pas le moins du monde précisés. La légende, bien plus que la vérité, a prétendu qu'avant l'invasion des Normands, les administrateurs de la Ville auraient occupé une maison située au port Saint-Landry, dans la Cité, où se trouve aujourd'hui le quai aux Fleurs, entre les ponts Notre-Dame et Saint-Louis. Puis, de l'autre côté de l'Ile, sur sa rive méridionale, au Marché-Neuf, entre le Petit-Pont et le pont Saint-Michel. Mais aucune preuve certaine ne s'est présentée pour qu'il soit permis d'affirmer la certitude de ces emplacements, établis, vraisemblablement, par la trop grande facilité de déduction de certains historiens. C'est ainsi également que, d'après les dernières recherches de l'Histoire, il faut encore abandonner le fameux *Parloir aux Bourgeois* du quartier Saint-Jacques, cette tour de l'enceinte de Philippe-Auguste dont l'emplacement est occupé aujourd'hui par l'encoignure des rues Victor-Cousin et Soufflot, et qui aurait été, non pas un lieu de réunion des administrateurs de la Ville, comme on l'a cru jusqu'ici, mais simplement une parcelle du fief du *Parloir aux Bourgeois*, c'est-à-dire une propriété de la Ville, ayant conservé, comme désignation, le nom de son domaine seigneurial.

Le seul siège de la municipalité parisienne que l'on puisse à peu près affirmer d'après des textes certains, avant celui de la place de Grève, est cette *Maison de la Marchandise*, située sur la rive droite du fleuve. entre le Grand-Châtelet et l'église Saint-Leufroy, et qui porte aussi le nom de *Parloir aux Bourgeois*. C'est là que, vers la fin du xiie siècle, était groupé le commerce parisien dans toutes ses manifestations : l'Apport-Paris, les Halles. les boucheries, les marchands de poisson et de vin, et au centre desquelles il était naturel de voir s'installer les magistrats de la *Marchandise de l'Eau*. qui avaient, depuis

l'époque gallo-romaine, conservé l'administration de la Ville.

Un peu plus tard, pendant la première moitié
du xive siècle, on assistera au déplacement de
ce centre commercial et on le verra remonter
vers l'est pour se fixer à la place de Grève, où
la municipalité ne manquera pas de le suivre.

Au mois de juillet 1357, en effet, Étienne Marcel,
prévôt des marchands, le drapier si achalandé de
la Cité, achète au nom de la municipalité, de
Jehan d'Auxerre et de Marie sa femme, la *Maison aux Piliers*, dite l'Hôtel au Dauphin, provenant du dauphin Charles, fils aîné du roi Jean,
qui la tenait de Humbert, dauphin du Viennois.

C'est là que, en quittant le *Parloir aux Bourgeois de Saint-Leufroy*, le Bureau de Ville vient
s'installer. La maison, dit l'acte de vente, a deux
pignons et des piliers par devant, sur la place
de Grève. Elle tient au logis de sire de Chateil-
lon et à celui de Giles Marcel, et aboutit, par
derrière, à la ruelle du Martroy de Saint-Jean
en Grève. On sait aussi, d'après des documents
anciens, que cet immeuble comprenait deux
cours, un poulailler, des cuisines, des étuves et
bains, une chambre de parade, un *Plaidoyer*,
une chapelle, une grande salle de 5 toises
de long et large de 3, et un grenier pour l'artil-
lerie.

Pendant cent soixante-quinze ans environ, le

Conseil de Ville s'accommoda, pour ses réunions, de l'antique maison aux Piliers. Mais, vers l'année 1530, époque où la capitale se couvrai de monuments et d'hôtels conçus d'après de nouvelles formules, il voulut, lui aussi, suivant l'impulsion donnée par un roi artiste et par une société éprise d'un art renaissant, procéder à la construction d'un hôtel de ville spécialemen édifié pour cette destination. Ce sera certainement un motif d'étonnement de songer que la municipalité parisienne, qui fonctionne régulièrement depuis des temps immémoriaux, ait attendu le milieu du xvie siècle pour doter la capitale d'une maison commune qui fût vraiment digne d'elle.

Après l'accord intervenu entre François Ier et la municipalité, après l'acquisition de nombreux immeubles entourant la maison aux Piliers, la première pierre de l'édifice fut posée le 15 juillet 1533, avec Dominique de Cortone, dit le Boccador, comme architecte, et Pierre Chambiges, comme entrepreneur de maçonnerie.

Durant la fin du xvie siècle et le commencement du xviie, la construction fut souvent arrêtée en raison des guerres de religion, pour être reprise, assez lentement, d'ailleurs, après la pacification imposée à la Ville par Henri IV. C'est à cette occasion, vraisemblablement, que la statue de ce souverain, œuvre de Pierre Biard, fut montée, en 1608, dans le tympan de la porte centrale.

Le monument était à peu près terminé en 1628, après l'édification du corps de logis situé sur la cour.

Malgré la mort du Boccador arrivée en 1549, c'est-à-dire quatre-vingts ans avant l'achèvement de l'Hôtel de Ville, on ne saurait douter, selon, d'ailleurs, les dernières trouvailles des savants, que le monument dont il avait été l'architecte officiel fut terminé selon ses plans. A part, bien entendu, les variantes imposées par les nécessités de la construction et que subissent forcément, surtout après la mort de leurs auteurs, les dessins les mieux étudiés.

Pour qui admire l'Hôtel de Ville actuel, il sera facile de se faire une idée de celui qui fut édifié au temps de François Ier. Il lui suffira de limiter le champ de son regard au bâtiment central surmonté du campanile, et de l'étendre seulement aux deux pavillons qui l'encadrent et qui sont eux-mêmes flanqués de deux charmantes tourelles en avant-corps. Sauf un certain dépassement dans les mesures anciennes à l'actif du dernier construit, les deux images sont à peu près identiques.

L'édifice traversa ainsi, dans son exquise délicatesse de proportions, les temps mouvementés de l'Histoire municipale. Ceux de la Ligue, dont

les pieuses processions hérissées de pertuisane
ne manquent pas d'y stationner; ceux de l.
Fronde, pendant lesquels le prince de Condé
massacre les bourgeois de Paris; ceux de l.
Révolution, alors qu'y siège la redoutable Com
mune de 1792 qui tient en échec la Convention

A cette époque, des œuvres d'art, qui ont sub
depuis des fortunes diverses, ornaient les salon
de l'édifice et étaient signées: Porbus, Largillière
Mignard, Vanloo, Boullongue, de Troy, Hallé e
autres.

Un salon montrait d'admirables bois, sculpté
au xvi⁰ siècle, et représentant les signes d
zodiaque. La salle du trône datait de 1613 e
possédait deux admirables cheminées de cett
époque, qui avaient été sculptées, l'une par Pierr
Biard et David de Villiers, l'autre par Thoma
Boudin. On y admirait aussi la belle œuvre d
Coysevox, cette statue en bronze de Louis XIV
qui se dressait sous une arcade du fond de l
cour d'honneur, et qui est aujourd'hui au musé
Carnavalet.

En 1802, la Préfecture de la Seine prenc
possession du monument avec le préfet Frochot
qui sera le premier fonctionnaire de cet ordre
trouvant une habitation au milieu de ses bureaux
Pour cet établissement, l'édifice est agrand
d'après les dessins de l'architecte Molinos, du
côté de l'Est, par l'acquisition des emplacement

de l'ancienne église Saint-Jean, sur lesquels on aménage la célèbre salle qui gardera ce vocable; du côté du Nord, par l'adjonction d'un bâtiment neuf à édifier sur les terrains de l'hôpital du Saint-Esprit.

Les choses restèrent en l'état jusqu'en 1837. A cette époque fut commencée l'exécution d'un vaste projet d'agrandissement et d'isolement, demandé aux architectes Godde et Lesueur, qui changea complètement l'aspect du vieil Hôtel de Ville de la Renaissance, le doubla en étendue, et fut terminé en 1846.

Dans l'édification de ces nouveaux bâtiments, dont le montant s'éleva à une somme d'environ 13 millions, l'ancienne façade sur la place de Grève avait été rigoureusement respectée, mais elle fut élargie par deux bâtiments intermédiaires soudés à ses deux pavillons anciens, lesquels bâtiments étaient flanqués à leurs extrémités de deux autres pavillons. Sur cette nouvelle façade, de nombreuses niches avaient été ménagées pour recevoir les statues des grands hommes que la France avait produits, et qui étaient signées Jouffroy, Ottin, Simart, Seurre, Brian, Cavelier. Dantan aîné, Duseigneur, Moyne, Préault, Foyatier, Maindron, etc.

En somme, le nouvel édifice figurait un rectangle dont chacun des quatre coins était terminé par un pavillon dépassant d'un étage les bâtiments qui les reliaient. Les côtés donnant sur la place de Grève et sur la rue Lobau mesuraient 120 mètres de longueur, et les deux autres, sur le quai et sur la rue de la Tixeranderie, aujourd'hui de Rivoli, 80 mètres. Pour la conception artistique des nouveaux bâtiments, surtout de la façade élargie sur la place, les architectes se donnèrent la tâche de s'inspirer, autant qu'il serait possible, de l'hôtel de ville primitif qui, non seulement fut respecté dans toutes ses parties, mais servit de modèle aux adjonctions entreprises et y fut comme respectueusement enchâssé.

Intentionnellement, sans doute, les quatre nouveaux pavillons d'angle furent coiffés de combles massifs et peu élevés, afin de faire valoir l'élégance et la grâce élancée des deux anciens regardant la place de Grève.

Ainsi que dans celui d'aujourd'hui, l'Hôtel de Ville de 1846 comptait trois cours principales: la cour du Préfet, du côté du quai; la cour des Bureaux, du côté de la rue de la Tixeranderie; la cour d'Honneur ou cour Louis XIV, qui était celle de l'ancien monument, au milieu.

C'est cette dernière qui fut dotée, en 1855, du fameux escalier à double révolution dessiné par les architectes Ballard et Vauthier.

De la *salle Saint-Jean* partaient, comme aujourd'hui, les deux grands escaliers à rampes droites se faisant vis-à-vis, et aboutissant dans la *grande galerie des Fêtes*, décorée par Lehmann, Cabanel, Benouville et Laurent-Jan, pour la peinture, et Duret, Dantan aîné, Cavelier et autres, pour la sculpture.

Entre ces deux escaliers existait un salon entouré d'une tribune supportée par des *cariatides* de Bosio jeune, et dont le plafond était de Gosse, et les décorations peintes, de Benouville et de Cabanel. La *salle des délibérations du Conseil municipal*, qui communiquait alors avec ce salon, est devenue aujourd'hui la *salle de la Commission de voirie*.

C'est aussi près de là qu'était situé le fameux *salon de l'Empereur*, dans lequel Ingres avait peint l'*Apothéose de Napoléon I*ᵉʳ, et où se trouvaient également le célèbre buste de Napoléon III en aigue-marine, exécuté par l'orfèvre Froment-Meurice, le portrait du nouveau César, par le baron Gérard, et les marbres napoléoniens de Canova.

Lors du remaniement de 1846, la municipalité parisienne avait consacré la plus belle partie de son Hôtel de Ville, c'est-à-dire la façade donnant sur la place de Grève, aux locaux appelés les *appartements du roi*. On y admirait la *salle du Trône*, dont il a déjà été question et dans laquelle les décorations modernes étaient, pour la peinture, d'Horace Vernet, de Gosse et de Séchan, et pour la sculpture, de Crauk; la *salle du Zodiaque*, illustrée par les superbes peintures de Léon Cogniet. D'autres locaux d'apparat n'étaient pas moins réputés pour la belle ordonnance de leur style que par les noms des artistes qui en signèrent les décorations. C'était le *salon de la Paix*, où régnait Delacroix; les *salons des Arts et des Prévôts*, où faisaient merveille les peintures de Cabanel, Benouville, Landelle, Riesener, Muller, et où se dressaient les bustes des anciens prévôts des marchands; la *galerie des Marbres*, avec les huit tableaux d'Hubert Robert provenant de Beaumarchais, et, dans l'antichambre, la statue de Henri IV enfant, par Bosio; les *trois salons des Arcades*, décorés par Schopin, Picot, Hesse et Vauchelet; d'autres petits salons embellis par les peintures de Court et de Lachaize; la *salle à manger*, décorée des attributs de la Chasse, de la Pêche, des Vendanges, de la Moisson, par Jadin; la *salle du Conseil municipal*, enfin, déjà citée plus haut, dont les peintures étaient de Yvon, les bas-reliefs d'Oudiné, et qui contenait les bustes des nombreux souverains qui avaient été reçus à l'Hôtel de Ville. En outre des *appartements particuliers du préfet*, qui étaient situés du côté de la rivière; des bureaux installés du côté de la rue de Rivoli, l'édifice agrandi donnait encore asile à la célèbre et ancienne *bibliothèque de la*

Ville, dont le joyau était le fameux missel de Juvénal des Ursins.

L'insurrection de 1871 devait mettre un terme à la longue carrière de la vieille maison commune, qui fut incendiée et détruite à la fin du mois de mai avec tout ce qu'elle contenait.

LE NOUVEL HOTEL DE VILLE

L'un des premiers actes du Conseil municipal
de Paris, élu après l'insurrection de 1871, fut de
décider que l'Hôtel de Ville incendié serait
relevé de ses cendres, restauré autant que
possible, et dans tous les cas reconstruit à
l'image rigoureusement ressemblante de l'ancien, et sur son emplacement.

Un concours était ouvert à cet effet, en 1872,
auquel prirent part un grand nombre d'architectes et qui se termina par l'acceptation du
projet de MM. Théodore Ballu et Deperthes.
Architecte de grand talent et membre de l'Ins-
titut, M. Ballu était tout à fait digne de la lourde
tâche qui lui incombait de relever le palais
municipal de ses ruines. Des travaux antérieurs,
tels que les églises de la Trinité, de Saint-Am-
broise, de Saint-Joseph, de la Rédemption, le
campanile de Saint-Germain-l'Auxerrois, la
restauration de la tour Saint-Jacques, l'avaient
mis, d'ailleurs, depuis longtemps en vedette.

M. Deperthes, par son talent réputé, ses connaissances techniques et artistiques, ses travaux accomplis, après concours, en Suisse, en Bretagne, dans le département de la Seine et à Paris, était également indiqué pour être le second de son éminent collègue.

En 1882, le 14 juillet, dix ans après le vote de sa réédification, l'Hôtel de Ville, tout battant neuf, mais loin encore d'être achevé, ouvrait ses portes à M. Jules Grévy, président de la République, venu pour lui apporter, en ce jour de fête civique, le baptême inaugural. On put prévoir à cette date que, tous comptes faits, l'édifice reviendrait, la clef sur la porte, à la somme de 35 millions.

La superficie, d'ailleurs, s'était encore accrue de 4,876 mètres carrés sur celle du monument de Louis-Philippe, qui en comptait 9,600, ce qui amène forcément à tirer cette conclusion, que les dispositions générales de l'ancien édifice ayant été à peu près respectées dans le nouveau, toutes les parties de ce dernier furent amplifiées comme surface.

Les principaux salons d'apparat ont donc gardé leurs anciens emplacements, leur affectation primitive et beaucoup leurs vocables, sauf pourtant la salle du Trône, qui est devenue la salle de réunion du Conseil municipal.

Les trois cours ont aussi perdu la forme

quelque peu irrégulière qu'elles avaient, pour prendre une tournure plus correctement géométrique.

En ce qui concerne la décoration picturale et sculpturale du nouveau palais, la municipalité voulut qu'elle reflétât de la façon la plus large, la plus étendue, le mouvement artistique de notre époque, sans restriction aucune et avec toutes ses conséquences. C'est dire que l'on trouve sur les murs de l'édifice toutes les nuances, toutes les formules de l'école française actuelle.

Le principe adopté fut, suivant les cas, la commande directe ou le concours libre.

On trouvera ci-après la liste de ces œuvres avec les noms de leurs auteurs.

Hòtel de Ville — Salle des Fêtes

INDEX DES ŒUVRES D'ART
DÉCORANT LE NOUVEL HOTEL DE VILLE

GALERIE DE LA COUR DU SUD

(Longeant les trois salons à arcades.)

PEINTURE

GALLAND :
Décoration d'ensemble comprenant quinze coupoles. Chaque coupole renferme deux sujets symbolisant des **Métiers parisiens.**
Jacques GALLAND :
Décoration des piliers.

SALON DES LETTRES

(Salon à arcades.)

PEINTURE

Jules LEFEBVRE :
Plafond central : **Les Muses.** (Allégorie.)
Plafonds latéraux : **L'Inspiration, la Méditation.** (Allégories.)
CORMON :
Frises : **Histoire de l'Écriture.** Temps anciens et temps modernes. (Allégories.)
A. MAIGNAN :
Douze écoinçons : figures symbolisant les **Grandes Œuvres littéraires.**
M᷉ FORGET :
Quatre médaillons : **Molière, Victor Hugo, Michelet, Descartes.**

G. Callot :

La Philosophie. (Figure allégorique.)

R. Collin :

La Poésie. (Figure allégorique.)

H. Le Roux :

L'Éloquence. (Figure allégorique.)

Thirion :

L'Histoire. (Figure allégorique.)

Guillemet :

Vue de la fontaine de Médicis.

Berthelon :

Petit Bras de la Seine, vu du Pont-Neuf.

H. Saintin :

Vue des vieilles carrières d'Arcueil.

Lansyer :

Vue de la place de la Concorde.

Urbain Bourgeois (Dessus de portes) :

L'Histoire recueille les leçons du passé. (Allégorie.)
La Philosophie affranchit la pensée. (Allégorie.)

Guifard :

Décoration ornementale d'ensemble.

SCULPTURE

G.-J. Thomas :

Cheminée monumentale. — Deux figures couchées symbolisant **les Lettres,** un médaillon, deux cariatides et deux gaines en marbre.

SALON DES ARTS
(Salon à arcades.)

PEINTURE

Bonnat :

Plafond central : **Le Triomphe de l'Art.** (Allégorie.)
Plafonds latéraux : **L'Idéal, la Vérité.**

Léon Glaize (Frises) :

La Musique. (Allégorie.)
La Danse.   Id.

Chartran :

Douze écoinçons : figures symbolisant **les Arts.**

Rivey :

Quatre médaillons : **P. Puget, Philibert Delorme, Poussin, Rameau.**

LAYRAUD :
La Sculpture. (Figure allégorique.)
F. FLAMENG :
La Musique. (Figure allégorique.)
Tony-Robert FLEURY :
L'Architecture. (Figure allégorique.)
DAGNAN-BOUVERET :
La Peinture. (Figure allégorique.)
LAPOSTOLLET :
Vue du port Saint-Nicolas.
FRANÇAIS :
Vue prise à Bougival.
G. COLIN :
Vue prise au Bas-Meudon.
BELLEL :
La Marne au pont de Champigny.
GUIFARD :
Décoration ornementale d'ensemble.

SALON DES SCIENCES
(Salon à arcades.)

PEINTURE

BESNARD :
Plafond central : **L'Apothéose des Sciences.** (Allégorie.)
Plafonds latéraux : **La Météorologie, l'Électricité.** Id.
LEROLLE (Frise) :
L'Enseignement de la Science. (Allégorie.)
La Glorification de la Science. (Allégorie.)
CARRIÈRE :
Douze écoinçons : Figures symbolisant **les Sciences.**
MARCHAL :
Quatre médaillons : **Arago, Ampère, Cuvier, Lavoisier.**
DUEZ (Dessus de portes) :
La Physique. (Allégorie.)
La Botanique. Id.
JEANNIOT :
L'Air. (Figure allégorique.)
RIXENS :
Le Feu. (Figure allégorique.)
A. BERTON :
L'Eau. (Figure allégorique.)
BULAND :
La Terre. (Figure allégorique.)

Luigi Loir :
Vue du Val-de-Grâce, prise de la rue de la Santé.
P. Vauthier :
Vue du bassin de l'Arsenal.
Lépine :
Vue du petit bras de la Seine, au Pont-Neuf.
E. Barau :
Vue prise de l'île de la Grande-Jatte.
Guifard :
Décoration ornementale d'ensemble.

SCULPTURE

J.-P. Cavelier :
Cheminée monumentale. — Deux figures couchées symbolisant **les Sciences,** un médaillon, deux cariatides et deux
gaines en marbre.

SALON DE PASSAGE
(Du salon Lobau au salon des Sciences.)

PEINTURE

Tattegrain :
Entrée de Louis XI à Paris. (Panneau décoratif.)
Jeannin :
Fleurs et attributs. (Dessus de porte.)
Cesbron :
Fleurs et attributs. (Dessus de porte.)
Guifard.
Décoration ornementale d'ensemble.

SALON LOBAU
(Pavillon d'angle Sud-Est.)

PEINTURE

Jean-Paul Laurens :
Louis VI octroyant aux Parisiens leur première charte.
(Panneau décoratif.)
Étienne Marcel protégeant le Dauphin. (Panneau déco-
ratif.)
Répression de la révolte des Maillotins. (Panneau déco-
ratif.)
Henri II et Anne Dubourg. (Panneau décoratif.)
Arrestation du conseiller Broussel. (Panneau décoratif.)

Réception de Louis XVI à l'Hôtel de Ville (17 juillet 1789). (Panneau décoratif.)
La Reynie. (Figure décorative.)
Turgot. (Figure décorative.)
GUIFARD :
Décoration ornementale du plafond.

GRANDE SALLE A MANGER

PEINTURE

Georges BERTRAND :
Plafond central : **Hymne de la Terre au Soleil.** (Allégorie.)
Plafonds latéraux : Sujets symbolisant **la Moisson** et **la Vendange.**
Huit dessus de porte.
COMPAN :
Décoration ornementale d'ensemble.

SCULPTURE. (Côté Est.)

A. CRAUK :
La Vendange. (Figure marbre.)
DALOU :
La Chanson. (Figure marbre.)
CHAPU :
La Moisson. (Figure marbre.)

(Côté Ouest.)

E. BARRIAS :
La Chasse. (Figure marbre.)
IDRAC :
Le Toast. (Figure marbre.)
FALGUIÈRE :
La Pêche. (Figure marbre.)

SALON D'ENTRÉE SUD

(Entre la salle à manger et la grande salle des Fêtes.)

PEINTURE

H. MARTIN :
Plafond : **Apollon et les Muses.** (Allégorie.)
Première frise : **La Peinture, la Littérature.** (Allégories.)
Deuxième frise : **La Musique, la Sculpture, l'Architecture.** (Allégories.)

Quatre écoinçons : **Lyrisme, Harmonie, Tristesse, Contemplation.** (Figures symboliques.)
BIGAUX :
Tympans et décoration ornementale d'ensemble.

SALON D'ARRIVÉE SUD
(En haut du grand escalier des Fêtes, côté Sud.)

PEINTURE

PUVIS DE CHAVANNES :
L'Été. (Panneau décoratif.)
L'Hiver.   Id.
Quatre écoinçons symbolisant **les Saisons.**

SCULPTURE

HUGUES :
Torchères en bronze. Figure symbolisant **l'Asie.**
ALLAR :
Torchères en bronze. Figure symbolisant **l'Europe.**
H. LEMAIRE :
Torchères en bronze. Figure symbolisant **l'Amérique.**
TURCAN :
Torchères en bronze. Figure symbolisant **l'Afrique.**

GRANDE SALLE DES FÊTES

PEINTURE

GERVEX :
Plafond. — **La Musique à travers les âges.** (Allégorie.)
G. FERRIER :
Plafond. — **Les Parfums.** (Allégorie.)
Benjamin CONSTANT :
Plafond. — **La Ville de Paris conviant le Monde à ses fêtes.** (Allégorie.)
G. Ferrier :
Plafond. — **Les Fleurs.** (Allégorie.)
Aimé MOROT :
Plafond. — **La Danse à travers les âges.** (Allégorie.)

VOUSSURES NORD

Weerts :
La Flandre. (Figure allégorique.)
La Picardie   Id.

VOUSSURES EST

Ehrmann :
Le Berry. (Figure allégorique.)
La Champagne.   Id.
La Bretagne.   Id.
La Bourgogne.   Id.
L'Auvergne.   Id.
La Lorraine.   Id.

VOUSSURES OUEST

F. Humbert :
L'Algérie. (Figure allégorique.)
Le Lyonnais.   Id.
Le Languedoc.   Id.
La Gascogne.   Id.
La Provence.   Id.
La Guyenne.   Id.

VOUSSURES SUD

P. Milliet :
La Normandie. (Figure allégorique.)
Le Comté de Nice.   Id.
J.-B. Lavastre, Carpezat et Guifard :
Décoration ornementale d'ensemble de la salle des Fêtes.

SCULPTURE

HAUTS-RELIEFS DANS LES VOUSSURES

(Côté Nord.)

Blanchard et Desbois :
Cariatides d'angle. (Figures décoratives.)
A. Croisy :
Groupe de figures assises. Id.

(Côté Est.)

Boisseau : Cariatide.
Boucher : Cariatide.
    Id.   Id.
Moreau-Vauthier : Cariatide.
        Id.   Id.
Claudius Marioton : Cariatide.

(Côté Ouest)

Claudius Marioton : Cariatide.
Moreau-Vauthier : Cariatide.
        Id.   Id.
Boucher : Cariatide.
    Id.   Id.
Boisseau : Cariatide.

(Côté Est.)

P. Berthet : Groupes de figures.
J. Perrin   Id.
G. Germain   Id.

(Côté Ouest.)

J. Perrin : Groupes de figures.
G. Germain   Id.
P. Berthet   Id.
G. Debrie, Sobre et Michel : Groupe d'enfants avec rinceaux
dans la partie haute du plafond.

HAUTS-RELIEFS DANS LES VOUSSURES
(Côté Sud.)

Blanchard et Desbois :
Cariatides d'angle. (Figures décoratives.)
        A. Croisy :
Groupe de figures assises.   Id.

GALERIE LOBAU

(Le long de la grande salle des Fêtes, sur la rue Lobau.)

PEINTURE

Georges Picard :
Coupoles :
Le Rêve, la Naissance de Paris, la Lutte, la Renais-

sance, la **Poésie**, la **Philosophie**, **1789**, l'**Histoire**, **1889**, la **Science**, l'**Art**, l'**Industrie**, la **Paix**, le **Réveil**. (Allégories.)

RISLER :

Décoration ornementale desdites coupoles.

GEORGES PICARD :

Les surfaces de cette galerie *(en cours d'exécution)*.

SALON DES CARIATIDES

PEINTURE

N.

Décoration d'ensemble *(en cours d'exécution)*.

SCULPTURE

CUGNOT :

Cariatides supportant la voûte.
Vase décoratif en malachite offert par S. M. l'EMPEREUR DE RUSSIE.

SALON D'ENTRÉE NORD

(Entre la grande salle des Fêtes et la galerie des Bureaux.)

PEINTURE

BONIS :

Plafond : **La Nature inspiratrice et éducatrice.** (Allégorie.)
Première frise : **Les Exercices physiques.**
Deuxième frise : **Les Exercices intellectuels.**
Quatre écoinçons : **Physique, Chimie, Philosophie, Astronomie.** (Allégories.)

MOURÉ :

Tympans et décoration ornementale d'ensemble.

SALON D'ARRIVÉE NORD

(En haut du grand escalier des Fêtes, côté Nord.)

PEINTURE

ROLL :

Les Joies de la vie. (Deux panneaux décoratifs: *Plaisirs champêtres, Amour, Jeunesse, Musique, Art, Mouvement, Travail, Lumière.*)
Quatre écoinçons : le **Travail,** le **Coucher du Soleil,** le **Sommeil,** le **Rêve.** (Figures symboliques.)

SCULPTURE

Hugues et Turcan :
Quatre torchères en bronze. (Figures symboliques.)

PORTIQUE DE LA SALLE DES FÊTES
(Côté Sud.)
(Entre la grande salle des Fêtes et le salon d'entrée Sud.)

PEINTURE

Henri Lévy :
Trois coupoles et deux demi-coupoles : **Les Heures de jour et de nuit**. (Peintures allégoriques.)

SCULPTURE

Guillaume :
Anacréon. (Gaine marbre.)
Sapho.   Id.

PORTIQUE DE LA SALLE DES FÊTES
(Côté Nord.)
(Entre la grande salle des Fêtes et le salon d'entrée Nord.)

PEINTURE

F. Barrias :
Trois coupoles et deux demi-coupoles : **Scènes de fêtes.** (Peintures allégoriques.)

SCULPTURE

Guillaume :
Horace. (Gaine marbre.)
Lesbie.   Id.

GRAND ESCALIER DES FÊTES
(Côté Sud.)

PEINTURE

L.-Olivier Merson :
Décoration d'ensemble *(en cours d'exécution)*.

SCULPTURE

E. Barrias :
Montée de l'escalier : deux statues marbre symbolisant **le Chant et l'Accompagnement.**

Delhomme :
Péristyle. deux bustes : **Puget, Rameau.**

GRAND ESCALIER DES FÊTES
(Côté Nord.)

PEINTURE

L.-Olivier MERSON :
Décoration d'ensemble *(en cours d'exécution)*.

SCULPTURE
(Montée de l'escalier.)

DEGEORGE :
Deux statues marbre symbolisant **les Fleurs et les Fruits.**
DELHOMME :
Péristyle. deux bustes : **Philibert Delorme, Nicolas Poussin.**

PALIER SUPÉRIEUR DE L'ESCALIER
DES FÊTES
(Côté Sud.)

PEINTURE

SCHOMMER :
Les Chansons des rives de la Seine. (Coupole.)
Pendentifs. (Figures allégoriques.)

SCULPTURE

H. LEMAIRE :
Couronnement de porte avec enfants, symbolisant le **Commerce**
et **l'Industrie.**

PALIER SUPÉRIEUR DE L'ESCALIER
DES FÊTES
(Côté Nord.)

PEINTURE

Joseph BLANC :
Les Mois républicains, coupole. (Peinture allégorique.)
Pendentifs. (Figures allégoriques.)

SCULPTURE

ENDERLIN :
Couronnement de porte avec enfants symbolisant le **Chant et**
la **Musique.**

GALERIE DES TOURELLES SUD

(Entre la galerie des Salons à arcades et la salle de la Voirie.)

PEINTURE

PELOUSE :
Vue prise aux environs de Jumièges.
HARPIGNIES :
Vue prise au jardin du Luxembourg.
MONTENARD :
Vue prise au jardin des Tuileries.
G. DUBUFE :
Décoration des coupoles : sujets allégoriques et ornements *(en cours d'exécution).*

GALERIE DES TOURELLES NORD

(Entre la galerie des Bureaux et la salle de la Voirie.)

PEINTURE

DAMOYE :
Vue prise d'Issy.
BILLOTTE :
Vue de la Seine au pont Solférino.
P. LAGARDE :
Vue du grand lac au Bois de Boulogne.
G. DUBUFE :
Décoration des coupoles : sujets allégoriques et ornements *(en cours d'exécution).*

POURTOUR DES GRANDS ESCALIERS

(Côté salle des Fêtes.)

PEINTURE

YON :
Vue prise à l'île du Bas-Meudon.
BERNIER :
Vue de la Seine à Billancourt.
HANOTEAU :
Les Bords de la Seine.
DE VUILLEFROY :
Panneau *(en cours d'exécution).*
POINTELIN :
Vue prise au parc de Montsouris.

Charnay :

Vue prise des hauteurs de Passy.

Gosselin :

Un Coin de la traversée de la Bièvre.

E. Michel :

Vue prise à l'étang de Villebon.

POURTOUR DES GRANDS ESCALIERS
(Côté galerie des Tourelles.)

PEINTURE

Raffaelli :

Vue de la plaine Saint-Denis.

E. Breton :

Vue prise au bois de Chaville.

Zuber :

Vue prise au boulevard des Invalides.

Busson :

Paris, vu des hauteurs de Bellevue.

Demont :

Vue prise au square Cluny.

Vayson :

Vue prise au Jardin d'Acclimatation.

Le Liepvre :

Vue prise au jardin du Luxembourg.

V. Binet :

Vue de la fontaine du Châtelet.

SALLE DE LA COMMISSION DU BUDGET

PEINTURE

Ed. Detaille :

Les Enrôlements volontaires sur le terre-plein du Pont-Neuf, en septembre 1792. (Panneau décoratif.)

Réception, par la municipalité de Paris, à la barrière de la Villette, des troupes revenant de Pologne, après la campagne de 1806-1807. (Panneau décoratif.)

La Victoire conduisant les armées de la République. (Plafond décoratif.)

SALLE DE LA COMMISSION DE VOIRIE

PEINTURE

J. Chéret :

La Pantomime. (Panneau décoratif.)

La Comédie. (Panneau décoratif.)
La Musique.   Id.
La Danse.   Id.
Les Jouets.   Id.

SALLE DE LA BIBLIOTHÈQUE DU CONSEIL MUNICIPAL

PEINTURE

Georges PICARD :
Vers la lumière. (Plafond allégorique.)

SALLE DE LA BUVETTE DU CONSEIL MUNICIPAL

PEINTURE

Jean VEBER :
Décoration d'ensemble *(en cours d'exécution).*

SALLE DE LA COMMISSION DU PERSONNEL

PEINTURE

VILLETTE :
Décoration d'ensemble *(en cours d'exécution).*

CABINET DU PRÉFET DE LA SEINE

PEINTURE

Adolphe BINET :
Six panneaux relatifs au siège de Paris de 1870-1871 :
Une Sortie.
Une Batterie sur les remparts.
Une Reconnaissance par des fusiliers marins.
La Statue de Strasbourg, place de la Concorde.
Les Habitants de la banlieue fuyant devant l'investissement.
Les Enrôlements volontaires sur la place du Panthéon.
GUIFARD :
Ornementation générale.

SALON DE PASSAGE
(Du cabinet du Préfet de la Seine au salon des Lettres.)

PEINTURE
Quost :
Fleurs et Attributs. (Dessus de porte.)
Monginot :
Fleurs et Attributs. (Dessus de porte.)
Guifard :
Décoration ornementale d'ensemble.

TAPISSERIE

La Terre, tapisserie des Gobelins, d'après Lebrun.

ANTICHAMBRE
(Du palier de l'escalier d'Honneur au salon des Lettres.)

TAPISSERIE

L'Eau, tapisserie des Gobelins, d'après Lebrun.

ESCALIER D'HONNEUR
(Dit escalier du Préfet.)

PEINTURE
Puvis de Chavannes :
Plafond : **Victor Hugo offrant sa lyre à la Ville de Paris.**
Ensemble décoratif symbolisant les vertus de Paris : **le Patrio-
tisme, la Charité, l'Ardeur artistique, le Foyer intellec-
tuel, l'Esprit, la Fantaisie, la Beauté, l'Intrépidité, le
Culte du souvenir, l'Industrie, l'Urbanité, la Générosité,
la Poésie.**

SCULPTURE
Carrier-Belleuse :
Six Cariatides en pierre.
Carlier :
Bas-relief : **La Gravure.**
Victor Peter :
Bas-relief : **La Sculpture.**
Daniel Dupuis :
Bas-relief : **L'Architecture.**
L. Martin :
Bas-relief : **La Peinture.**
Félon :
Une Renommée.

Barrias :
Le Buste de **Théodore Ballu.**
Coutan :
Le Génie. (Figure décorative pour ce monument.)
Frémiet :
Un Héraut d'armes du XVe siècle, statue équestre.
A. Mercié :
La Justice. (Groupe symbolique.)
L'Art.   Id.
Delaplanche :
La Sécurité. (Groupe symbolique.)
Le Commerce.   Id.
Schœnewerck :
L'Instruction. (Groupe symbolique.)
Les Lettres.   Id.
Mathurin Moreau :
L'Assistance publique. (Groupe symbolique.)
Les Sciences.   Id.

GALERIE DE LA COUR DU SUD
(Dite galerie du Préfet.)

Les baies de cette galerie sont décorées de vitraux représentant
les armoiries des gouverneurs et des lieutenants généraux de Paris.

GALERIE DE LA COUR DU NORD
(Dite galerie du Conseil municipal.)

Les baies de cette galerie sont décorées de vitraux représentant
les armoiries des prévôts des marchands de Paris.

LES STATUES DES GRANDS HOMMES
FAÇADE DONNANT SUR LA PLACE DE L'HÔTEL-DE-VILLE

Bailly, par Aizelin.
Ledru-Rollin, par Longepied.
Pigalle, par Loison.
D'Alembert, par Rodin.
Paul-Louis Courier, par Houssin.
Fagon, par Barthélemy.
Richelieu, par Turcan.
Lesueur, par Bourgeois.
Sauval, par Boucher.

Molière, par Moreau-Vauthier.
Turgot, par Oliva.
Lavoisier, par Idrac.
Voltaire, par Coutan.
Jean Goujon, par Allar.
Guillaume Budé, par Tony Noel.
Pierre de Montreuil, par Marqueste.
Achille de Harlay, par Thabard.
Jean Bullant, par Allar.
Dumoulin, par Daniel Dupuis.
H. Estienne, par Allasseur.
Pierre de Viole, par Schrœder.
François Miron, par Iselin.
Michel de Lallier, par Aubé.
Mathieu Molé, par Daniel Dupuis.
Pierre de l'Étoile, par Thabard.
Étienne Boyleau, par Allouard.
Dominique de Cortone, dit le Boccador, par
  Blanchard.
Pierre Lescot, par Injalbert.
Germain Pilon, par Injalbert.
Mansart (Jules-Hardouin), par Allouard.
De Thou, par Amy.
Étienne Pasquier, par Guitton.
Le Nôtre, par Marcellin.
Fourcroy, par Franceschi.
Michelet, par Turcan.
Pache, par Caillé.
La Bruyère, par Becquet.
Hérold, par Chapu.
David, par Banjault.
Rollin, par Debut.
Tourville, par Peynot.
Catinat, par Massoulle.

FAÇADE DONNANT SUR LE QUAI

Mme Roland, par Chatrousse.
Mme de Sévigné, par Aizelin.
George Sand, par Bourgeois.

Béranger, par Mombar.
Beaumarchais, par Boisseau.
D'Argenson, par Louis Martin.
Charles Perrault, par Voyez.
François Boucher, par Laurent.
Charles Lebrun, par Renaudot.
Mme Vigée-Lebrun, par Pepin.
Mme de Staël, par Ferrary.
Mme Geoffrin, par Franceschi.
Alexandre Lenoir, par Alfred Lenoir.
Delacroix, par Guilbert.
Alfred de Musset, par Idrac.
Fréret, par Greil.
Marivaux, par Lefeuvre.
La Rochefoucauld, par Debut.

Façade donnant sur la rue Lobau

Gros, par Chaplain.
Talma, par Guglielmo.
Boileau-Despréaux, par Delorme.
Saint-Simon, par Eude.
Gabriel, par Jouandot.
Antoine Arnaud, par Gaudran.
Barye, par Decorchemont.
Jacquemont, par Damé.
Henri Regnault, par Chaplain.
Scribe, par Marquet de Vasselot.
Théodore Rousseau, par Gaudez.
Halévy, par Sanson.
Cassini, par Dubois.
Lekain, par Delhomme.
Picard, par Félix Martin.
Decamps, par Alfred Lenoir.
Villemain, par Lequien.
Cochin, par Déloge.
Burnouf, par Lefèvre-Deslonchamps.
Daubigny, par Plé.
Sedaine, par Captier.

Chardin, par Mme Léon Bertaux.
Regnard, par Hébert.
Malebranche, par Debrie.
Camus, par Tournois.
Biot, par Chervet.
Lancret, par Truphème.
Quinault, par Gruyere.
Clairaut, par Hippolyte Moreau.
Bougainville, par Truffot.

FAÇADE DONNANT SUR LA RUE DE RIVOLI

Firmin Didot, par Carlier.
Berryer, par Dumaize.
Foucault, par Garnier.
Perronet, par Hugoulin.
Hérault de Séchelles, par Capellaro.
Boulle, par Dampt.
Ballin, par Rass.
Paul Delaroche, par Fourquet.
Bachelier, par Paris.
Godefroy Cavaignac, par Dumilatre.
Viollet-le-Duc, par Dumilatre.
Tronchet, par Vidal-Dubray.
Horace Vernet, par Oudiné.
Eugène Sue, par Chevalier.
Bocquillon, dit Wilhem, par Richard.
Corot, par Lombard.
Silvestre de Sacy, par Leroux.
D'Urville, par Grégoire.

COUR DU NORD

Legendre, par Lanson.
Lemoine, par Bayard de la Vingtrie.
Hofmann, par Cougny.
Pierre Charron, par Hercule.
Adolphe Adam (médaillon), par Mathieu Meu-
nier.

Léon Cogniet (médaillon), par Mathieu MEUNI[...]
Poinsot (médaillon), par AUBÉ.
Duperrey (médaillon), par AUBÉ.
Percier (médaillon), par AUBÉ.
Brongniart (médaillon), par AUBÉ.
Lassus (médaillon), par AUBÉ.
Labrouste (médaillon), par Mathieu MEUNIER.
Thouin (médaillon), par Mathieu MEUNIER.
Coypel (médaillon), par Mathieu MEUNIER.

COUR DU SUD

Trudaine, par Félix MARTIN.
Favart, par PARIS.
Largillière, par DURAND.
Patru, par CORDIER.
Samson (médaillon), par ROUGELET.
Mlle Mars (médaillon), par ROUGELET.
Dufresny (médaillon), par ROUGELET.
Népomucène Lemercier (médaillon), par RoGELET.
Quatremère de Quincy (médaillon), par RoGELET.
Berton (médaillon), par ROUGELET.
Le Bas (médaillon), par ROUGELET.
Guérin (médaillon), par ROUGELET.
Cauchy (médaillon), par ROUGELET.
La Condamine (médaillon), par ROUGELET.

AUTRES OUVRAGES DE SCULPTURE

FAÇADE DONNANT SUR LA PLACE DE L'HÔTEL-DE-VILLE

Le Travail, figure entourant l'horloge, par HIOLLE.
L'Industrie, id. id,
La Ville de Paris, figure dominant l'horloge, par GAUTHERIN.
L'Art, figure en bronze du parvis, par MARQUESTE.
La Science, id. par BLANCHARD.
Chevaliers-bannerets, sur la crête des toits, par A. PERREY et V. TOURNIER.
Chimères du campanile, par Auguste CAIN.

FAÇADE DONNANT SUR LE QUAI

Étienne Marcel, statue équestre, par Idrac et Marqueste.

FAÇADE DONNANT SUR LA RUE LOBAU

La Ville de Nice, statue en pierre, par Ch. Lenoir.
La Ville de Marseille, id. par Saint-Joly.
La Ville de Nîmes, id. par Power
La Ville de Grenoble, id. par Chappuy.
La Ville de Chambéry, id. par Louis Noel.
La Ville de Saint-Étienne, id. par Destreez.
La Ville de Clermont, id. par Geoffroy.
La Ville de Lyon, id. par Marioton.
La Ville de Besançon, id. par Roger.
La Ville de Dijon, id. par Lormier.
La Ville de Troyes, id. par Janson.
La Ville de Nancy, id. par Massoulle.
La Ville de Reims, id. par Pallez.
La Ville de Lille, id. par Mabille.
Quatre Lions en bronze, flanquant les deux portes : deux
de A. Cain, deux de Jacquemart.

COUR DU NORD

L'Automne, bas-relief, par Croisy.
L'Hiver, bas-relief, par Croisy.

VOUTE DE LA COUR DU NORD

Archer du XVe siècle, statue, par Captier.
Archer du XVe siècle, statue, par Sizelin.
Hallebardier du XIVe siècle, statue, par Chaplain.
Sergent d'armes du XIVe siècle, statue, par Coutan.

COUR DU SUD

L'Été, bas-relief, par Longepied.
Le Printemps, bas-relief, par Longepied.

VOUTE DE LA COUR DU SUD

Héraut d'armes du XVIᵉ siècle, statue, par Cordonni
Sergent du Parloir aux bourgeois, XVIᵉ siècle, stat
par Morice.
Héraut d'armes du XVIIᵉ siècle, statue, par Guilber
Officier de Ville du XVIIᵉ siècle, statue, par Carlès.

COUR CENTRALE

Gloria Victis, groupe bronze, par A. Mercié.

PLAN DU 1er ÉTAGE

www.ingramcontent.com/pod-product-compliance
Ingram Content Group UK Ltd.
Pitfield, Milton Keynes, MK11 3LW, UK
UKHW020026100726
13658UKWH00003B/1146